スター列車の時代

明日を照らせ！
昭和50年代

猪井貴志 ◉Inoi Takashi

天夢人
Temjin

はじめに

昭和50年代には、長大編成の特急や寝台列車が日本全国を網羅していました。そして、昭和53年10月の全国ダイヤ改正で特急列車に絵入りのヘッドマークが登場との朗報に、「いのチャンスだ、撮るぞ！」と真島の一声を合図に、40日間ですべての特急列車を撮影するために強行過密スケジュールを組んだのです。まずは、特急銀座として知られていた東の東北本線の金谷川駅と南福島間、そして西の北陸本線の新疋田駅─敦賀駅でした。真島も小生も東日本出身のせいか必然的に東方面から撮影行を進めたのです。当時はまだ乗用車で、それもクラウンの2ドアハードトップ。まだワンボックスカーが普及していない時代でしたが、機材と煮炊きセットをトランクに収納し、撮影行の4分の3を自炊生活で線路際をさまよったのです。幸い真島は料理上手でした。こまめに料理してくれたので栄養価のある美味しい夕食をいただくことができました。ちなみに小生の役割は炊飯と晩酌を用意することでした。

当時の撮影ポイントは、長大編成の特急列車がレールの上を舞うように走り抜けていく走行車両の迫力・カッコよさを表現したかったのです。このダイヤ改正でヘッドマークに絵が入ったとのことなので、どんな絵柄なのか勝手に想像しながら新しい顔をもった特急列車たちの姿が現れるのを楽しみにカメラを構えてい

たものです。

年月を重ね、鉄道写真を撮りに全国を巡る機会も増え、日本は実に美しい国だとあらためて実感しました。雄大な自然と鉄道が織りなす絶景が全国各所に点在しているのです。山や川、海などの自然だけでなく、その土地に暮らす人々の営みを感じさせる街並みなど、四季折々の絶妙なグラデーションが創り出すきめ細やかな「彩り」を添えて目の前に見せてくれるのです。その美しい四季の中を何気なく走る列車たちの存在感は国鉄時代の特急色・急行色・たらこ色にあったのだと、気が付いたのは近年の事でした。

まだまだ出会っていない、自然と鉄道が織りなす絶景は無限にあるはずです。さまざまな好条件が重なり合う奇跡的な瞬間を撮り逃さないためにも、出会った光景としっかりと向き合い、その一期一会の瞬間を大切に、季節の風や音、匂いを五感で感じながら撮影に挑み続けていきたいものです。

寝食を共に撮影してきた天国の真島満秀に見てもらいたい、という思いを胸にこの本を作り上げました。今回の出版にあたり、ご協力いただきました多くの皆様に感謝申し上げます。

2024年3月　猪井貴志

＊本書は、昭和50年代に撮影した写真と、その解説文を中心に構成し、一部、昭和60年代初頭のものも加えた。
＊写真の列車の解説文は、写真の前のページ、または次のページに掲載したところがある。
＊掲載した写真には、特別に許可を得て撮影したものも含まれる。
＊駅名や路線名は、現在の名称にはこだわらずに記した。

【例】 左：現在の名称　　右：写真を撮影した頃の名称
いわき←平　江北←肥前山口　新山口←小郡　青い森鉄道←東北本線　しなの鉄道ほか←信越本線

スター列車の時代 ◎目次

第１章◎長大編成の列車たち

第1章

長大編成の列車たち

485系、583系、キハ80系など
数えきれない人々の行きかいを支え、
称賛、祥雲、憧憬を生んだスター列車。

183系「おおぞら」 石勝線、新夕張～占冠／6～7p・82系「おおとり」 函館本線、大沼～仁山

長大編成の列車たち

おおとり 函館～釧路／網走

「おおとり」を名乗る列車は、１９６１（昭和三十六）年十月から三年間、東京～名古屋を走った。車両は「こだま形」１５１系だった。この電車特急が東海道新幹線の開業にともない廃止されて「おおとり」の愛称は北海道で二番目の特急に引き継がれたのである。前頁の写真は、北海道に渡った旅行者がまず目と心を奪われる大沼国定公園、駒ヶ岳のふもとを行く名シーン。

長大編成の列車たち

おおぞら 函館～釧路ほか

「おおぞら」は、北海道で初の特急列車である。満を持して登場した82系気動車を使い、１９６１（昭和三十六）年十月一日、函館～旭川（室蘭本線・千歳線経由）に誕生。一年後に函館～旭川／釧路（滝川経由）の運転となった。

北海道向け新鋭１８３系気動車への置き換えが始まったのは昭和五十五（１９８０）年二月。翌年十月には、石勝線が開業し「おおぞら」の新ルートとなった。

長大編成の列車たち

北海道

北海　函館～旭川

長万部、小樽経由の函館本線を俗に「山線」と呼ぶ。

特急「北海」は１９６７（昭和四十二）年三月から一九年余にわたって「山線」沿線の人たちや観光客に親しまれた気動車特急である。１９８０（昭和五十五）年十月時点で、キロ80、キシ80、キハ82二両、キハ80六両の82系一〇両編成だった。翌年十月、函館～札幌二往復の運転となっている。

82系「北海」　函館本線、目名～蘭越

オホーツク
OKHOTSK

82系「オホーツク」 石北本線、金華〜留辺蘂

長大編成の列車たち

オホーツク 札幌〜網走

キハ82を両端に置き、キハ80三両、キロ80、キシ80——計七両の特急形82系を連ね、季節感豊かな大地にエンジン音を轟かせたディーゼル特急。

石北本線の常紋信号場では、赤と橙色の腕木式信号機が彩りを添えてくれた。

赤の腕木は「停止」または「進行」を指示し、橙色の腕木が斜めに下がっていれば「進行」を、水平であれば「注意」を意味した。

常紋信号場は三七五メートルと三四九メートルの着発線を、本線から離して引き込み、蒸気機関車が牽く貨物列車とディーゼル旅客列車の行きかいを見守る〝峠の守護神〟だった。

石狩平野を離れ、旭川、遠軽、生田原と進んで、もうすぐ北見盆地という山深い地点——急勾配と急曲線の坂道が延々と続き、長さ五〇七メートルのトンネルを抜けた先に、常紋信号場はあった。

昭和四十年代末に蒸気機関車が消え、五十年代末には貨物列車もすっかり寂れてしまい、全盛期の常紋信号場は、もはや昔語りでしかない。

急行ニセコ 函館〜札幌

伝説の名列車——C62形蒸気機関車重連が牽く急行「ニセコ」は、1971（昭和四十六）年九月十五日限りで消えた。

そのあとガマがDD51形ディーゼル機関車重連だった。

1980（昭和五十五）年十月時点で、下り101列車の場合、客車は前からオユ・マニ・マニ・スハフ14・オハ14五両・スハフ14の計一〇両だった。旅客定員は四八八人。

オユ（郵便車）とマニ（荷物車）は青函連絡船で航送されて本州からやってきたのである。

DD51形ディーゼル機関車が14系座席車を牽引する急行「ニセコ」 函館本線、二股〜黒松内

500番台と同じ車体色に変わった
キハ183形100番台が先頭車の
「北斗」 通称藤城線、七飯〜大沼

北斗 函館〜札幌

道南〜道央を室蘭本線・千歳線経由で結ぶ定番特急。

１９６５（昭和四十）年十月改正で函館〜旭川に一往復デビュー。三年後の白紙ダイヤ改正——いわゆる「よんさんとお」で、函館〜札幌に一往復増発。

その後、急行の格上げなどにより１９８０（昭和五十五）年十月時点で函館〜札幌に三往復の運転となっていた。

写真の「北斗」先頭車は、中間車（キハ１８４）を改造したキハ１８３ １００番台である。

ハイデッカーのグリーン車を連結し、車体色を一新した１８３系５００番台が１９８６（昭和六十一）年十一月に活躍を開始。写真のキハ１８３ １００番台も、１８３系５００番台と同じ車体色に変更している。

長大編成の列車たち

いしかり　札幌〜旭川

485系1500番台を使って1975（昭和五十）年七月十八日に営業運転を開始した北海道初の電車特急である。

グリーン車も食堂車もない六両編成で、うち五両が自由席という「軽薄短小の時代」の到来を予告するような特急だった。

運転室屋根上のヘッドライトが二つ目玉の485系1500番台「いしかり」　函館本線、光珠内〜美唄

長大編成の列車たち

ライラック　札幌〜旭川

「いしかり」が、1980（昭和五十五）年十月一日ダイヤ改正で、愛称を「ライラック」へ改称。車両を新型の交流専用781系六両編成に置き換えた。

このとき、千歳線と室蘭本線の沼ノ端〜室蘭が電化開業しており、「ライラック」の運転区間は旭川〜札幌〜室蘭となった。また同時に千歳空港駅（いまの南千歳駅）が開業し、札幌〜千歳空港などで特急の自由席に乗れる超格安「エアポートシャトルきっぷ」の発売が始まっている。

781系「ライラック」　函館本線、深川〜納内

東北

長大編成の列車たち

先頭車はボンネットタイプの485系「ひばり」 東北本線、金谷川〜南福島

上・貫通扉がない 485 系 300 番台「ひばり」　東北本線、藤田～貝田
下・貫通扉がある 485 系 200 番台「ひばり」　東北本線、藤田～貝田

長大編成の列車たち

ひばり　上野〜仙台

東北本線に君臨した偉大な「エル特急」の女王である。

次から次へカッキリ発車、自由席。——上野駅へ行けば、いつでもそこには「ひばり」の麗姿があった。

たとえば、1980（昭和五十五）年十月時点で1001Mから1028Mまで、一日に一四往復というすさまじさ。

車両は仙台運転所、または青森運転所の485系一二両編成。青森の485系は、先頭車両をボンネットタイプの481とした編成もあり、仙台の先頭車は貫通扉を設けたクハ481 200番台や貫通扉のない300番台が多かった。

食堂車もグリーン車も連結し、青森の485系の定員は、普通車六七二人、グリーン車四八人。仙台の485系は普通車六六四人、グリーン車四八人だった。

車窓が桃の花でピンクに染まる。485系300番台「ひばり」 東北本線、藤田〜貝田

はつかり

はつかり 上野〜青森

「はつかり」は、東北で初の特別急行列車として1958（昭和三十三）年十月一日のダイヤ改正で誕生した。ただし、常磐線の台風被害で運転開始は十月十日となっている。

それまで東海道本線の「さくら」や山陽本線の「かもめ」に使用のスハ44形客車を転用し、上野〜仙台は常磐線経由でC62形蒸気機関車が、仙台〜盛岡はC61が、盛岡〜青森はC60＋C61が牽引した。

二年後に初の特急用気動車、キハ81系（P55参照）に置き換え。1968（昭和四十三）年九月に583系電車に置き換えられる。「よんさんとお」で宇都宮経由に変更となり、一往復増発。1972（昭和四十七）年春から一年間ほど、一往復が東京〜青森に運転。

1980（昭和五十五）年秋時点で、青森運転所の583系一三両編成で三往復、485系電車一二両編成で三往復の運転だった。

上・583系「はつかり」 東北本線、大河原〜船岡
右・485系300番台「はつかり」 東北本線、西平内〜浅虫温泉

485系300番台「たざわ」 田沢湖線、赤渕〜田沢湖

長大編成の列車たち

たざわ 盛岡〜秋田〜青森

上越新幹線が開業し、「やまびこ」も運転本数を増やした1982（昭和五十七）年十一月十五日ダイヤ改正で登場した電車特急。

「やまびこ」に接続して田沢湖線を走り、盛岡〜秋田に六往復。

1985（昭和六十）年三月ダイヤ改正で、二往復は青森まで運転区間を延ばした。『国鉄電車編成表86年版』――ジェー・アール・アール編集・発行――1986（昭和六十一）年七月一日発行――によると、秋田運転区の485系1000番台六両編成（グリーン車なし）と、グリーン車のある七両編成が「たざわ」に使われている。

やまびこ　上野〜盛岡

1965（昭和四十）年十月一日に誕生。

1967（昭和四十二）年秋から1973（昭和四十八）年三月まで、一往復が東京〜盛岡に運転。

1980（昭和五十五）年秋時点で、青森運転所の485系一二両編成で上野〜盛岡に四往復の運転となっていた。

東北新幹線が大宮〜盛岡に開業した1982（昭和五十七）年六月、485系「やまびこ」は消え、新幹線の大宮〜盛岡に200系「やまびこ」四往復がデビューした。

福島の市街地がバックに遠ざかる。485系200番台「やまびこ」
東北本線、金谷川〜南福島

長大編成の列車たち

あいづ　上野〜会津若松

82系気動車特急「やまばと」（上野〜山形）の編成の半分を、上野〜会津若松の運転とすることで、1965（昭和四十）年十月一日に実質的に誕生したといわれる。「よんさんとお」で485系電車に置き換わり、単独運転となるとともに「あいづ」の愛称が付いた。それまでは「やまばと」と呼ばれた。

長大編成の列車たち

みちのく　上野〜青森

1950（昭和二十五）年十月ダイヤ改正で誕生した常磐線経由の昼行（日付をまたがずに走る）急行が、翌月から「みちのく」を名乗った。1972（昭和四十七）年春、急行「十和田」の格上げで昼行特急「みちのく」登場。1980（昭和五十五）年秋時点では青森運転所の583系一三両編成を使い、常磐線経由昼行一往復の運転だった。

485系300番台「あいづ」　磐越西線、翁島〜磐梯町

江戸川橋梁（長さ406メートル）を渡る583系「みちのく」 常磐線、金町～松戸

長大編成の列車たち

ひたち 上野～平ほか

1980（昭和五十五）年秋時点で、仙台運転所の485系一二両編成と九両編成を使い、上野～平に七往復、上野～原ノ町に三往復、上野～仙台に一往復。1969（昭和四十四）年秋、81気動車を使う季節特急として誕生。定期列車への昇格は一年後だった。

常磐線はこの辺りで単線なので、上り下り列車が駅ですれ違う。土手に咲く季節の彩りに、しばし乗客もいやされる。485系「ひたち」 常磐線、夜ノ森

485系 1000番台「つばさ」奥羽本線、庭坂〜赤岩

長大編成の列車たち

つばさ　上野〜秋田 ほか

１９６１（昭和三十六）年秋の白紙ダイヤ改正を「さんろくとお」と国鉄は通称した。特急が東北・東海道・山陽ルートだけでなく、北海道や日本海側へも通うようになり、秋田、富山、金沢、鳥取、大分、宮崎など二三の道県庁所在都市にも特急の恩恵が及んだ。

「つばさ」は「さんろくとお」で82系気動車を使って誕生した由緒正しい特急の一つである。昭和五十年代初めには、４８５系による三往復のほか、14系客車を使う臨時便も設定されていた。

長大編成の列車たち

やまばと　上野〜山形

１９６４（昭和三十九）年秋に、82系気動車でスタートし、「よんさんとお」で４８５系電車に置き換えとなり、１９８０（昭和五十五）年秋には、三往復に成長していた。１９８５（昭和六十）年三月に、「つばさ」が吸収し「やまばと」の愛称は消えている。

長大編成の列車たち
奥羽

ED75 が 14 系座席車を牽引する「つばさ」臨時便　東北本線、金谷川～南福島

485 系 1000 番台「やまばと」
東北本線、金谷川～南福島

とき

絵入りヘッドーマークになった181系「とき」上越線、水上〜湯檜曽

長大編成の列車たち

とき　上野〜新潟

昭和三十年代に東海道本線で一世を風靡した151系電車。――その「こだま形電車」に習って、雪や寒さに強い161系が開発され、1962（昭和三十七）年六月、越後路に「とき」誕生。

国鉄は1972（昭和四十七）年秋、テレビなどに「エル特急」の広告を流す。「数自慢 カッキリ発車 自由席」を謳い「次の特急にしなよ」と呼びかけた。「とき」もその仲間とした。

なにしろ2001Mから2028Mまでの大所帯。上野駅を6時台から19時台まで、ほぼ毎時49分に発車した。

車両は、やがて181系電車に、そして183系1000番台に置き換えられた。

上・絵入りヘッドーマークになる前の 181 系「とき」上越線、水上～湯檜曽
下・183 系 1000 番台「とき」上越線、水上～湯檜曽

新雪　上野〜石打 ほか

冬季に運転した臨時便。運転開始は１９６９（昭和四十四）年１月。１９８０年代後半は、田町電車区の１８３系や新前橋電車区の１８５系が土曜・休日返上でスキーヤーとスキー板を運んだ。『時刻表』１９７９（昭和五十四）年一月号には、１６５系による夜行急行「小出スキー1号〜5号」「石打スキー」なども見える。

上・183 系 1000 番台「新雪」上越線、土樽〜越後中里
下・185 系 200 番台「新雪」越後中里〜岩原スキー場前

長大編成の列車たち

鳥海　上野〜青森

上越線を経由し、鳥海山のふもとを走った電車特急が、1982（昭和五十七）年十一月から二年余、「鳥海」を名乗った。ただし、同じルートをたどった夜行の特急「鳥海」もある（P106参照）

485系300番台「鳥海」上越線、水上〜湯檜曽

絵入りヘッドマークになる前の485系300番台「いなほ」東北本線、蕨〜南浦和

489系「はくたか」上越線、水上～湯檜曽

長大編成の列車たち

いなほ　上野～青森

81系気動車を使って1969（昭和四十四）年十月にデビュー。1980（昭和五十五）年秋時点で、上野～秋田に二往復、上野～青森に一往復。車両は、秋田運転所と青森運転所の485系で、食堂車もグリーン車も連結の一二両編成だった。

長大編成の列車たち

はくたか　上野～金沢

元を正せば「白鳥」である。「白鳥」は82系気動車を使い、大阪～上野／青森（直江津で分割・併結）の運転で登場した。その「大阪～上野の編成」を独立させ、「はくたか」の愛称を付けたのが1965（昭和四十）年秋。その四年後に「はくたか」は485系電車に衣替えするとともに、上越線経由にルートを変更した。

上・185系200番台「白根」吾妻線、祖母島〜小野上
下・185系200番台「谷川」上越線、上牧〜水上

長大編成の列車たち
関東

183系1000番台「白根」 吾妻線、小野上～小野上温泉

普通列車ながら途中ノンストップで定期券では乗れない185系200番台「新幹線リレー」 東北本線、蕨～南浦和

長大編成の列車たち

白根 上野〜長野原 ほか

1971（昭和四十六）年四月、臨時列車として運転開始。1982（昭和五十七）年十一月改正で、上野〜万座・鹿沢口に四往復運転の定期列車となる。185系200番台や183系が使われた。

長大編成の列車たち

谷川 上野〜水上

上越新幹線の開業にともなう1982（昭和五十七）年十一月のダイヤ改正で登場。下り四本、上り五本。

長大編成の列車たち

新幹線リレー 上野〜大宮

東北新幹線が大宮〜盛岡に開業した1982（昭和五十七）年六月二十三日に運転を始めた。「やまびこ」「あおば」利用客のために一三往復設定。途中ノンストップ。185系200番台一四両編成が、1985（昭和六十）年三月十三日まで活躍した。翌日、東北新幹線は上野延伸を果たしたのである。

普通車ばかりながら長大な９両編成で定員572人の183系「しおさい」　総武本線、佐倉〜南酒々井

長大編成の列車たち

しおさい　東京〜銚子

１９７５（昭和五十）年三月ダイヤ改正で誕生。幕張電車区所属の１８３系電車九両編成を使い、五往復。１９８２（昭和五十七）年十一月ダイヤ改正で二往復増発。

長大編成の列車たち

すいごう　両国〜銚子

「しおさい」の姉妹列車。「しおさい」は成東、旭経由であるのに対し、「すいごう」は成田、佐原経由だった。

１９８２（昭和五十七）年十一月ダイヤ改正で二往復登場。

長大編成の列車たち

あやめ　東京〜鹿島神宮

１９７５（昭和五十）年三月ダイヤ改正で五往復運転開始。短距離を走る地味な列車だったせいか、「成田エクスプレス」の陰に隠れて、「あやめ」「すいごう」は２０１５（平成二十七）年に消えている。

上・183 系「あやめ」 成田線、久住〜滑河
下・183 系 1000 番台「すいごう」 成田線、下総神崎〜大戸

長大編成の列車たち

わかしお　東京〜安房鴨川

総武本線の東京〜錦糸町が１９７２（昭和四十七）年七月十五日、地下に開業。このとき五往復、誕生した電車特急。「わかしお」を迎える房総東線は外房線と改称するとともに、電化開業している。

長大編成の列車たち

さざなみ　東京〜千倉

「わかしお」と一緒に最新鋭１８３系電車で五往復、誕生。房総西線は内房線に改称した。

房総半島を走る特急の多くは幕張電車区の 183 系 9 両編成。外房線の「わかしお」 外房線、上総興津〜行川アイランド

183 系「さざなみ」 内房線、富浦〜那古船形

長大編成の列車たち

踊り子 東京〜伊豆急下田／修善寺 ほか

伊東線の終点から伊豆急行へ、また三島から伊豆箱根鉄道駿豆線へ乗り入れる特急列車。E261系「サフィール踊り子」、E257系「踊り子」の先輩である。

あまぎ　東京〜伊豆急下田

特急「あまぎ」は１９６９（昭和四十四）年四月、急行「伊豆」の格上げで登場。車両は「日光形」１５７系電車。やがて１８３系に替わり、１９８１（昭和五十六）年秋、「踊り子」へ改称した。

右上・運転室の屋根上にライトがない183系1000番台。絵入りヘッドマークになる前の「あまぎ」　東海道本線、早川〜根府川
右下・183系1000番台「踊り子」　東海道本線、早川〜根府川

斜めストライプが目を引く185系「踊り子」　東海道本線、早川〜根府川

信州

長大編成の列車たち

左・レンガアーチの旧線、碓氷橋の向こうに新線が見える。
下・ＥＦ 63 重連と協調運転を行って碓氷峠を下る上野行き「あさま」 信越本線、軽井沢～横川

あさま 上野〜長野 ほか

関東平野の西北端に位置する横川駅は、標高386・6メートル。信州東端の軽井沢駅は939・1メートル。国鉄は、国内きっての急勾配——66・7パーミルの線路を敷いて、関東〜信州の道を切り開いた。

「あさま」は1966（昭和四十一）年十月一日、181系電車八両編成を使って登場した。

碓氷峠に挑む横川〜軽井沢間、通称横軽を行きかう列車は、EF63形電気機関車重連を連結した。軽井沢へ向かって登るときはEF63重連に後ろから押してもらい、横川へ向かうときは先端でつっかえてもらいながら下った。

181系時代の「あさま」はEF63と協調運転ができず八両編成だったが、1971（昭和四十六）年に489系が、その四年後に189系が投入されて、「あさま」の旅客用電車も動力を制御するようになり、その旅客用編成が一二両に増強されている。

絵入りヘッドマークになる前の189系「あさま」 信越本線、信濃追分〜御代田

あさま

あさま

そよかぜ

白山

長大編成の列車たち

そよかぜ　上野～中軽井沢ほか

行楽シーズンに運転された列車。１９６８（昭和四十三）年七月、中軽井沢まで１５７系で二往復運転開始。翌年夏、１８１系に置き換え。１９７５（昭和五十）年七月、１８９系に置き換え。１８３系１０００番台も使われた。

長大編成の列車たち

白山　上野～金沢

１９７２（昭和四十七）年三月ダイヤ改正で登場。信越本線経由。金沢運転所の４８９系一二両編成を使い、碓氷峠ではＥＦ63重連と協調運転を行った。愛称にたがわず、車窓間近に妙高山（２４５４メートル）や黒姫山（２０５３メートル）などの霊峰が流れた。

上・八ヶ岳連峰を望む中央本線の新府駅ホームに、日曜画家たちのカンバスが並んだ。
下・ここを「スター列車」が走った短い夏の日……。陸羽東線、神野目～池月

042p 上・碓氷第 11 トンネルを抜けて信州に顔を出した 189 系「あさま」 信越本線、横川～軽井沢
042p 下・1992（平成４）年、長野総合車両所の「あさま」用 189 系は車体色を一新した。信越本線、古間～黒姫
043p 上・189 系「そよかぜ」 信越本線、軽井沢～中軽井沢
043p 下・ＪＮＲマークを光らせて駆ける 489 系「白山」 信越本線、信濃追分～御代田

489系「白山」 信越本線、古間〜黒姫

複々線区間を快走する183系1000番台
「あずさ」 中央本線、東中野～中野

JNRマークを光らせて劇走する183系1000
番台「あずさ」 中央本線、日野春～長坂

長大編成の列車たち
信濃路

長大編成の列車たち

あずさ 新宿〜松本 ほか

「あずさ」の一番列車は、下りが1時間20分遅延して松本着——という憂き目にあっている。踏切事故だった。

月刊『鉄道ピクトリアル』１９６７（昭和四十二）年2月号によると、甲府を発車してすぐ「エンストで踏切に立ち往生していた耕運機」と衝突。

甲府駅まで戻り、急きょ、上り急行「アルプス」１６５系の編成の一部に代走させる措置がとられたという。１９６６（昭和四十一）年十二月十二日の出来事である。

特急「あずさ」デビューまでに、中央東線・篠ノ井線は、電化、複線化、スイッチバック解消などの近代化が推し進められ、引き続き、隘路のルート変更などが行われたが、いまだに単線区間（普門寺信号場〜岡谷）が残り、三鷹〜立川の複々線化計画も宙に浮いて、新宿〜松本の所要時間は、最速二時間半に留まっている。

あずさ

かいじ

多くは185系で運転されたが、長野総合車両所の189系も使われた「はまかいじ」 中央本線、高尾～相模湖

長大編成の列車たち

かいじ 新宿～甲府 ほか

特急「あずさ」から〝のれん分け〟してもらった列車。「あずさ」のうち甲府を始終点としていた七往復が、1988（昭和六十三）年三月ダイヤ改正で、「かいじ」を名乗って独立した。

長大編成の列車たち

はまかいじ 横浜～松本 ほか

1996（平成八）年四月から約二〇年間にわたって、土曜・休日を中心に、おもに185系を使い、横浜線経由で運転された特急。

右上・松本運転所の「あずさ」用183系は、帯の色をライトブルーに一新した。中央本線、鳥沢～猿橋
右下・183系「かいじ」中央本線、鳥沢～猿橋

9
あずさ

飛驒山脈（北アルプス）の峨々たる山並みが 183 系「あずさ」の車窓に流れる。大糸線、安曇沓掛～信濃常盤

しなの 名古屋～長野 ほか

「しなの」は「よんさんとお」で特急となり、五年後の１９７３（昭和四十八）年七月に、１８１系気動車から３８１系電車に装いを一新した。この年の五月、中央西線は全線電化が完成している。いわゆる自然振子式の３８１系は、木曽谷の難路をものともせず、大幅な時間短縮を果たした。

381 系「しなの」の後方に、木曽山脈（中央アルプス）の木曽駒ヶ岳（2956 メートル）がそびえる。中央西線、大桑～野尻

しなの

長大編成の列車たち

南紀　名古屋〜紀伊勝浦 ほか

1978（昭和五十三）年十月二日、関西本線〜紀勢本線にお目見えした気動車特急。この日、国鉄史上初の減量化ダイヤ改正が行われた。また、紀勢本線の和歌山〜新宮が電化開業した。

82系「南紀」　紀勢本線、三輪崎〜新宮

長大編成の列車たち

ひだ　名古屋〜高山 ほか

「よんさんとお」で82系気動車を使い高山本線経由で名古屋〜金沢に登場した特急。

82系「ひだ」　高山本線、白川口〜下油井

特急用気動車の元祖、81系が晩年は「くろしお」で活躍。紀勢本線、那智〜宇久井

長大編成の列車たち

くろしお　名古屋〜天王寺

初の特急用気動車81系――「ブルドッグ」と呼ぶ鉄道ファンも多い――は１９６０（昭和三十五）年十二月十日、「はつかり」で上野〜青森（常磐線経由）にデビュー。

「よんさんとお」で５８３系電車にバトンタッチして「はつかり」から離れ「つばさ」に転じ、その一年後には「いなほ」「ひたち」で用いられるようになり、さらに、羽越本線の電化にともなって紀勢本線へ活躍の場を移したのである。

長大編成の列車たち

飛驒路　南紀

485系200番台「雷鳥」 北陸本線、新疋田〜敦賀

北陸

長大編成の列車たち

489系「雷鳥」 北陸本線、新疋田〜敦賀

583系「雷鳥」 北陸本線、新疋田〜敦賀

雷鳥 大阪〜富山 ほか

北陸の南門ともいうべき通称「疋田ループ」で、国鉄型電車の華麗な編成美がとりわけ引きたった。485系も489系も583系も長大な一二両編成だった。

関西と福井・金沢・富山方面を結ぶ特急「雷鳥」は、ひっきりなしに行きかった。

2024（令和六）年三月、北陸新幹線が敦賀まで延びて「あの頃のほうが良かった」の声が利用客のあいだで渦を巻いている。フル規格新幹線に「おいてきぼり」をくわされる駅があとを絶たない。

——函館、小諸、大船、清水、大垣、大津、倉敷、柳井、防府、宇部、下関、門司、戸畑、八幡、黒崎、折尾、阿久根、串木野、伊集院。そして、鯖江、武生。

489系「雷鳥」 北陸本線、生地〜西入善

バックに立山連峰。撮影名所となったチューリップ畑の横を行く 485 系「白鳥」 北陸本線。東滑川〜魚津

白鳥 大阪〜青森 ほか

485系電車がもっとも輝いた長距離列車。架線に流れる電気が、途中で三回変わった。

1980（昭和五十五）年秋時点で、向日町運転所と青森運転所の485系一二両編成。向日町の編成はグリーン車を二両連結し、その定員九六人。青森運転所は食堂車、グリーン車各一両、普通車一〇両で、その定員六七二人。青森で青函連絡船に接続したので、始発から終点まで乗り通す人は少なくなかった。

485系300番台「白鳥」 北陸本線、倶利伽羅～石動

長大編成の列車たち

北越 金沢～新潟 ほか

1970（昭和四十五）年三月、大阪～新潟を走り始めた電車特急。以後、三往復に増えたが、やがて大阪～新潟の二往復を「雷鳥」に改称。1980（昭和五十五）年秋時点で、「白鳥」と共通運用の485系で金沢～新潟に一往復。

長大編成の列車たち

加越 米原～富山 ほか

1975（昭和五十）年三月十日ダイヤ改正を「ごおまるさん」と国鉄は呼んだ。

「加越」は、北陸本線に六往復、「ごおまるさん」で新設された電車特急。ほかの北陸特急と比べると、ぐんと短い七両編成だった。

1978（昭和 53）年秋には大阪〜新潟に運転の二往復が「雷鳥」に改称する 485 系「北越」 北陸本線、倶利伽羅〜石動

7 両でも北陸では短く感じられる 485 系 300 番台「加越」 北陸本線、新疋田〜敦賀

しらさぎ　名古屋〜富山　ほか

国鉄本社旅客局・運転局作成「特急・急行電車列車編成順序表 昭和55年10月時刻改正要項」の「しらさぎ」の欄に「489系12両を使用することがある」と特記してある。普段は1Mから14Mまで、金沢運転所の485系一二両編成を使って運転された。

583系「しらさぎ」は珍しい。私が手元に保存している『国鉄電車編成表』(ジェー・アール・アール編集・発行)の81年版〜86年版に出てこない。

しかし『時刻表』1975(昭和五十)年10月号巻末「列車の編成ご案内」で六往復のうち一往復がグリーン車と食堂車(営業休止)各一両を含む十二両となっていて、「金星」も同様だ(118ページ参照)。

絵入りヘッドマークになる前の583系「しらさぎ」 北陸本線、新疋田〜敦賀

485系300番台「しらさぎ」 北陸本線、新疋田～敦賀

「横川駅でEF63との連結器を操作するための棒」が目立つ489系「しらさぎ」 北陸本線、倶利伽羅～石動

長大編成の列車たち
山陰

余部橋梁を渡る181系特急「はまかぜ」 山陰本線、鎧～餘部

長大編成の列車たち
はまかぜ 大阪～鳥取 ほか

鉄製の一一基の橋脚が支える余部鉄橋（高さ約42メートル、長さ約３１０メートル）をガラガラと大きな音を立てて渡るとき、山陰の物語は幕を開けたものだ。この優美な鉄橋は廃止からもう一〇年以上過ぎた。餘部に「はまかぜ」は一往復健在。

長大編成の列車たち
あさしお 京都～米子 ほか

１９７２（昭和四十七）年十月に登場し、宮津線経由で京都と鳥取方面を結んだが、１９９６（平成八）年春に廃止され、特急「きのさき」にバトンタッチした。

上・風害や塩害を防ぐために植林された松林が、山陰海岸の名物だった。181 系 4 両編成「いそかぜ」 山陰本線、浅利～江津
下・絵入りになる前の 181 系「あさしお」 山陰本線、福部～鳥取

２両目にキロ 80 を、3 両目にキシ 80 を、増結キハ 80 もつないで堂々の編成で走る「まつかぜ」。撮影の日は減車されていた。 山陰本線、福部〜鳥取

絵入りヘッドマークになった 181 系「まつかぜ」
山陰本線、折居〜三保三隅

長大編成の列車たち

まつかぜ　大阪〜博多　ほか

1980（昭和五十五）年秋時点で、下り1号・上り4号は一三両編成。福知山線・山陰本線経由で長距離を走り通した。大阪（8時00分発）博多20時55分着。編成といい運転時間といい、誠に偉大な気動車特急だった。「さんろくとお」が生んだ名列車の一つである。

長大編成の列車たち

いそかぜ　博多〜米子　ほか

1985（昭和六十）年三月、「まつかぜ」が運転区間も編成両数も縮めて改称した列車。のちに運転区間はさらに縮んで、2005（平成十七）年春に廃止されている。

起点の倉敷から43. 5キロの第三高梁川橋梁（半径400メートルで湾曲）を渡る381系「やくも」　伯備線、備中川面〜方谷

やくも　岡山〜出雲市

早く「新幹線の特急」に昇格させたい列車。

1973（昭和四十八）年に運輸省が策定した「新幹線基本計画一二路線」のなかに「中国横断新幹線（岡山〜松江）」が見える。E6系「こまち」、E8系「つばさ」という立派な前例があるではないか。1970（昭和四十五）年に成立した「全国新幹線鉄道整備法」は、1991（平成三）年に手直しされ、「ミニ新幹線」も手続き上、この法律がいう新幹線鉄道に含む——となっている。

国立国会図書館所蔵「第120回国会　衆議院　運輸委員会　第4号　平成3年2月22日　会議録テキスト」——2023（令和五）年二月七日閲覧による。

おき 米子〜小郡 ほか

「やくも」「はまかぜ」などと並ぶ「陰陽連絡特急」の一つ。「ごおまるさん」で登場。

山陰本線の複線区間は、全長673・8キロの一割ほどにすぎない。沿線自治体などによる多額の資金援助で、世紀末〜世紀初に「高速化」事業が敢行されたが、いまなお「亀甲型配線」の駅があちこちに残っている。

出雲市〜益田が、島根県と沿線の募金委員会による約70億円援助で、また、鳥取〜米子が県と沿線の募金委員会による約45億円援助で「枕木更新」「行き違い駅の一線スルー化」「曲線改良」などの工事が敢行された。月刊『日本鉄道施設協会誌』による。

181系「おき」 山陰本線、温泉津駅 上下列車の正面衝突を回避するための「脱線ポイント」が生きている。

しおかぜ　岡山〜松山 ほか

「南風」とともに1972（昭和四十七）年春に誕生した四国で初の特急列車。車両は181系気動車。このとき新幹線が岡山まで延びて、特急「やくも」も登場している。

1986（昭和六十一）年十一月、新しく設計、製造された185系に、車両が置き換えられた。五両編成で、3号車はグリーン席と普通席の合造車。

その185系の帯の色は、瀬戸大橋が開通する1988（昭和六十三）年春を待たず、前年秋に、ダークグリーンからライトブルーに塗り替えとなった。

四月十日、晴れて瀬戸大橋線が開業。始終点は岡山となった。

長大編成の列車たち
四国

「国鉄色」時代の181系「しおかぜ」　高松駅

上・33 パーミル上り勾配が 7 キロ続く難所――法華津峠を力走する 181 系「しおかぜ」 予讃本線、下宇和～立間
下・濃緑と白の車体カラーで登場した 185 系「しおかぜ」 予讃線、箕浦～川之江

南風 岡山〜中村 ほか

１９８０（昭和五十五）年秋時点で、高松〜中村に二往復、高松〜高知に一往復。

艱難辛苦の四国山地を越えた車両は、１８１系気動車の七両編成だった。

国鉄で建設部門に長く奉職した吉江一雄が、こう書いている。—

—土讃本線は、大歩危・小歩危付近では、激流に磨かれた岩肌が美しく車窓に流れるが、防災的には地すべりと落石による線路の災害が避けられない、十字架を背負った鉄道である。——１９８６（昭和六十一）年小学館刊『日本鉄道名所7 山陰線 山陽線 予讃線』より

上・絵入りヘッドマークになる前の 181 系「南風」 土讃本線、阿波川口〜小歩危
左下・181 系気動車は「よんさんとお」でデビュー。「しなの」になって、中央西線のスピードアップを果たし、その後、全国の亜幹線に進出して 82 系気動車を淘汰した。四国で 82 系は走っていない。初めから 181 系。

南風

南風

土讃本線の坪尻駅を通過する181系「南風」 普通列車はホームに横付けしたのちスイッチバックして本線に戻る。

有明 博多〜西鹿児島 ほか

1980（昭和五十五）年秋時点で、1号から36号までの一八往復。門司港〜西鹿児島一往復、博多〜熊本九往復ほかの運転だった。車両は、鹿児島運転所の485系九両編成、または向日町運転所の583系一二両編成だった。

2011（平成二十三）年三月十二日、九州新幹線鹿児島ルートの全通で、実質的に「新幹線の特急」に昇格したわけだが、愛称は引き継いでもらえなかった。

長大編成の列車たち

九州

八代海に面し天草諸島を望む風光明美な南九州を行く485系「有明」鹿児島本線、肥後二見〜上田浦

有明
ARIAKE

有明

076p・スカートが赤い 481 系「有明」 鹿児島本線、薩摩大川〜西方
077p・581 系「有明」 鹿児島本線、薩摩大川〜西方

おおよど　博多〜宮崎

『時刻表』1976（昭和五十一）年一月号によると1・3・4号車が指定席普通車、2号車がグリーン車、5・6・7号車が自由席普通車の七両編成。

1974（昭和四十九）年四月、日豊本線の電化が南宮崎まで延びて二十五日にダイヤ改正を実施。82系気動車特急「日向」（大阪〜宮崎）が485系に衣替えしている。この82系を譲り受け、急行「えびの」の格上げで特急「おおよど」誕生。愛称は宮崎市内を流れて太平洋に注ぐ大淀川にちなんだ。

SLブームで名をはせた肥薩線「大畑ループ」に時ならぬ「煙」を巻き上げたが1980（昭和五十五）年九月三十日限りで消えた。

熊本・宮崎・鹿児島の県境に近い九州山地のただなか。82系「おおよど」が「ループ線」を登る。　肥薩線、大畑〜矢岳

にちりん　小倉～西鹿児島 ほか

食堂車もある82系気動車七両編成を使い「よんさんとお」で誕生。日豊本線を走破して博多と西鹿児島を結ぶ。

１９８０（昭和五十五）年秋時点では、南福岡電車区の４８５系九両編成と５８３系一二両編成を使い、小倉～西鹿児島、博多～宮崎などに計一一往復運転。

ボンネットタイプで絵入りヘッドマークの485系「にちりん」 日豊本線、中山香～杵築
左上・絵入りヘッドマークの583系「にちりん」 日豊本線、都農～川南
左下・485系200番台「にちりん」 日豊本線、中山香～杵築

たちりん

たちりん

有明海に沿って急曲線の単線が続く区間を、優雅に485系「かもめ」が飛ぶ。　長崎本線、肥前七浦～肥前飯田

Uの字を描く入江の最奥に里信号場がある。485系「かもめ」はいっそう足をゆるめる。長崎本線、多良～肥前大浦

長大編成の列車たち

かもめ　博多〜長崎　ほか

長崎本線が電化され、「かもめ」の車両が82系気動車七両編成から485系電車八両編成に置き換えられたのは、1976（昭和五十一）年七月一日だった。

このたび西九州新幹線が部分開業し、残る区間の整備方式も決まらないままN700S系「かもめ」が営業運転を始めた。——なんとも釈然としない。885系が新線区間を時速130キロで劇走しても、所要時間は20分ほどしか違わなかったのに……。長崎本線は肥前山口駅から先は単線で、有明海に沿って急曲線が断続し、行き違いの待合せ時間も長い。この隘路を解消する「スーパー特急方式」で整備された——と割り切れば、武雄温泉駅での対面乗換えなど不要だったのに……。

もうすぐ佐賀／長崎の県境だ。485 系「かもめ」 長崎本線、多良～肥前大浦

みどり 博多〜佐世保

「さんろくとお」で大阪〜博多に設定され、十二月十五日に運転を始めた気動車特急の老舗。長崎本線・佐世保線が電化開業した１９７６（昭和五十一）年七月、南福岡電車区の４８５系四両編成に置き換え。１９８０（昭和五十五）年秋時点では、「かもめ」と併結で一〇往復運転。

右下・単独で佐世保線を行く「みどり」は南福岡電車区の485系4両編成。佐世保線、有田〜三河内
左下・「みどり」が、絵入りヘッドマークのクハ481を先頭に、佐世保線で健闘する。佐世保線、有田〜三河内

第2章

新幹線

動脈幹線で輝いた長大編成の列車たちは、
一歩も二歩も早く
新幹線に昇格した。

0系 超特急「ひかり」特急「こだま」用

1964（昭和三十九）年十月の東海道新幹線開業に際し用意された車両は、1次車と2次車、合わせて三六〇両（一二両編成×三〇本）で、「新幹線電車」と呼ばれた。

「0系」の呼称が始まるのは一〇年以上あとの1980（昭和五十五）年である。

1970（昭和四十五）年の大阪万博に際し、その観客輸送のために一二両から一六両へ増強して「ひかり」用（編成記号H）とした。「こだま」用は一二両のままで、「S」が与えられた。

1972（昭和四十七）年三月十五日、新大阪～岡山が開業。このとき「ひかり」は「超特急」の冠を返上し、料金の「ひかりこだま格差」もなくなった。「ひかり」の多くが西明石と相生に停まったのである。同年十二月以降、「こだま」用も一六両編成に増強されて、編成記号が「K」に変わる。

「ひかりライン」が海を渡った1975（昭和五十）年前後、「新幹線電車」の勢いはピークに達していた。モーレツな勢いで増備が続いた。

「ひかり」用の全編成が、食堂車を1974（昭和四十九）年から翌年にかけて新たに組みこみ、長駆東京～博多1069・1キロ（実キロ）を、連日駆け回るようになった。

086-087p・品川区大井埠頭の近く、東京第一運転所に居並ぶ16両編成の勇者たち。0系に混じって100系の顔が二つ見える。

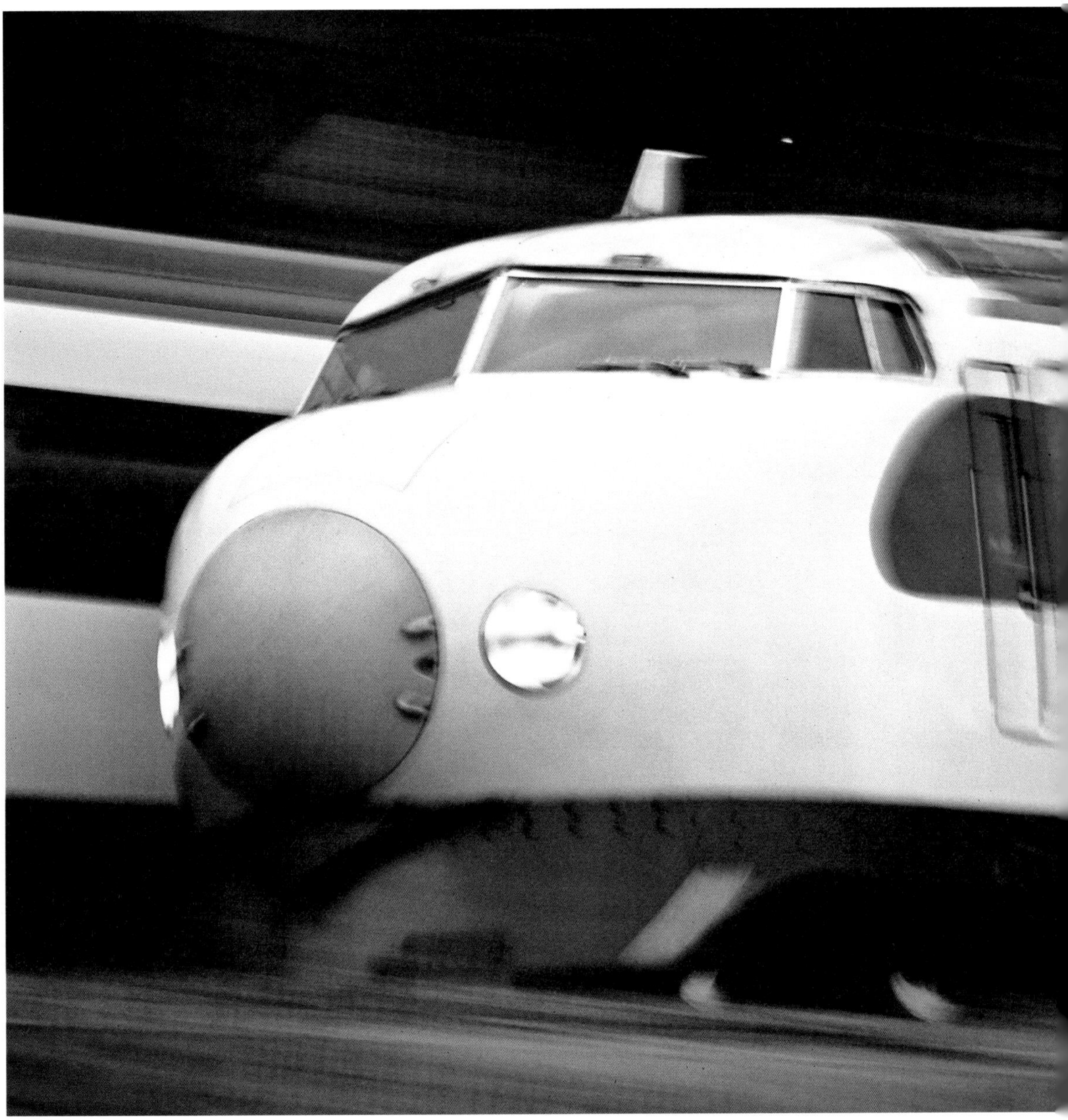

東海道新幹線を驀進する小窓車、０系 1000 番台　東海道新幹線、岐阜羽島〜米原

関ヶ原の白い道を突き進む０系。

０系「ひかり」「こだま」用

威風堂堂、東京駅を出て西へ向かう０系。

東海道新幹線は初め、関ヶ原付近での雪害に悩まされた。巻き上げて床下に付着した雪の塊が、平野に下る頃、落下してバラストをはね飛ばした。金網などではね返って窓ガラスが破損した。

近江盆地から濃尾平野にかけてスプリンクラーを線路横に並べ、水をまいて雪を固め，飛散しにくくするとともに、破損した窓ガラスの交換をしやすくしようということで「小窓車」が登場する。これが１０００番台。

１０００番台車は、「多くの編成にばらばらに組みこまれていた１次車や２次車」の取替えに用いられたほか、１９７６（昭和五十一）年には、１０００番台ばかりを連ねた新造編成三本が登場し、「Ｎ９７」編成〜「Ｎ９９」編成となった。

また、０系には２０００番台の車号がつけられた車両もある。東北・上越新幹線用の２００系にならって、普通車の客席を簡易リクライニングシート、三列シートは「集団離反型」として、１９８１（昭和五十六）年に登場した車両である。

２０００番台はシートピッチも広げたことから、これに合わせて窓が１０００番台よりすこしだけ大きくなり、「中窓車」などと呼ぶ向きもあった。

２０００番台だけで一六両をそろえた編成は存在せず、したがって新たな編成記号も生まれていない。

ただし、先頭車を１０００番台や２０００番台に取り替えた編成については、「Ｎ」を付加し、編成記号を「N_H」に変えた。

新幹線

0系「ひかり」「こだま」用

開業以来微動だにしなかった「最高時速210キロ」、そして1965（昭和四十）年十一月以来びくともしなかった「東京〜新大阪3時間10分」が、ついに「国鉄最後のダイヤ改正」といわれた1986（昭和六十一）年十一月改正で時速220キロへ引き上げられ、東京〜新大阪は「ひかり」で3時間を切って2時間56分となる。

そして1987（昭和六十二）年四月、0系は、国鉄からJR東海およびJR西日本によって継承された。

この角度から見ると「0系は可愛らしい」との誉め言葉も、うなずけないではない。
牧ノ原台地の茶畑に躍り出た0系「Yk」編成の「こだま」 東海道新幹線、静岡〜掛川

新幹線

１００系「ひかり」用

１００系の第一弾は、９０００番台「Ｘ０」編成である。

１９８５（昭和六十）年三月二十七日、東京〜三島において初の公式試運転を行った、この１００系９０００番台「Ｘ０」編成は同年十月一日に営業運転を開始。「ひかり」一往復で東京〜博多を走るようになった。

そして、車内設備を量産車にそろえる改造を施して、１９８６（昭和六十一）年十一月ダイヤ改正に際し、「Ｘ１」編成に改称している。

１００系の量産車四本（「Ｇ１」〜「Ｇ４」）が一二両編成で登場し、「こだま」に用いられたことを、覚えている人は少数派だろう。

登場は１９８６（昭和六十一）年六月。「国鉄最後のダイヤ改正」、すなわち同年十一月ダイヤ改正に際し、二階建て車両二両ほかを連結した一六両編成となり、「Ｘ２」〜「Ｘ５」に改称。

二階建て車両のない一二両編成の新造１００系が、東海道新幹線を「こだま」で走った期間は、四カ月そこそこにすぎなかった。

１９８７（昭和六十二）年三月には「Ｘ６」「Ｘ７」も落成し、すべての「Ｘ編成」が、ＪＲ東海に継承された。

二階席の大窓から富嶽を愛でる贅沢は、100系で空前絶後となるのであろうか。東海道新幹線、三島〜新富士

東京駅を発車した100系「X0」編成。新品ピカピカ。

新幹線

100系「ひかり」用

さて、100系は、次に「第二次G編成」が登場するわけだが、二階建て車両二両のうち8号車の階下はカフェテリアであったことや、大量五〇本も製造されたことから、「第二次G編成」は存在感がきわだっていた。営業運転の開始は1988（昭和六十三）年三月である。

そして、平成にはいり、100系は大きくステップアップする。

JR西日本の「V編成」「グランドひかり」が1989（平成元）年三月ダイヤ改正でデビュー。折しも世はバブル景気のさなかで、二階建て車両四両、最高時速230キロの大迫力が東海道新幹線・山陽新幹線の豪華さ、華やかさを、いっそう強く印象づけた。

関ヶ原を抜けても、スプリンクラーによる放水は近江盆地まで続く。東海道新幹線、米原駅。

◉二階建て車両の構成については、以下のようになっていた。

X編成

【8号車】階上＝食堂車客席／階下＝食堂車厨房

【7号車】階上＝開放グリーン席／階下＝グリーン個室

G編成

【8号車】階上＝開放グリーン席／階下＝カフェテリア

【7号車】階上＝開放グリーン席／階下＝グリーン個室

V編成

【8号車】階上＝食堂車客席／階下＝食堂車厨房

【7・9・10号車】

階上＝開放グリーン席／階下＝普通指定席

100系に個室があったことも、後世に語り継いでほしいと思う。

また、V編成階下の普通指定席は〝2＆2〟で、防音壁で視界がさえぎられがちであることから、大型テレビで観光案内などの録画放送が行われた。

福島トンネル（11キロ705メートル）の北口で、200系が芸術的な造形美を描く。――その一瞬を超望遠レンズがとらえた。

新幹線

200系「やまびこ」「あおば」「あさひ」「とき」用

東北・上越新幹線開業の1982（昭和五十七）年に走り始めた200系は「E編成」である。

7号車がグリーン車、9号車がビュフェと普通車の合造車、それ以外が普通車で、1号車〜4号車が自由席の一二両編成というふうに、全列車が統一されていた。

普通車は〝2&3〟の簡易リクライニングシートで、二列席は回転可能、三列席は「集団離反型」の固定式。モケットの色は柿色に黒の縦縞だった。グリーン車は〝2&2〟のリクライニングシートでモケットはこげ茶色。

0系の場合、空気調和装置が天井から客室へ飛び出していて、天井は平滑ではなかったが、200系ではこれが〝屋根裏〟へ引っ込んだので、ずいぶん近代的な意匠になったという印象だった。

ビュフェは立食方式。壁に時計や速度計が設置され、隅に旅客用の黄色いプッシュホンも置かれていた。世間ではまだダイヤル式の電話器が主流だったから、目新しく感じられた。

200系の雪害対策は徹底していた。

床下機器に雪が付着するのを防ぐために、ボディマウント方式とした。個々の機器を車体の床下に固定するのではなく、「一両分の機器を全部のせた大きなパレット」を、車体と合体させる方式だった。

連結部への雪の付着、浸水を防ぐために、全周幌（外幌）を採用した。先頭車の無骨なスノープラウも目新しかった。

さて、次に200系「F編成」が1985（昭和六十）年三月、檜舞台に躍り出る。

上野駅まで東北新幹線が大宮駅から延びて、「やまびこ」が国内最速の時速240キロ運転を始めたときだ。

「F編成」は、一六本が1984（昭和五十九）年から翌年初めにかけて新造されたほか、既存の「E編成」一〇本にATC車上装置の改造、パンタグラフ数の半減などを施して「F編成」へ改造、計二六本が上野開業に備えた。

200系「やまびこ」「あおば」「あさひ」「とき」用

時は流れて、１９８７（昭和六十二）年3月、１００系の先頭車と同タイプの２２１形２０００番台・２２２形２０００番台が二両ずつ登場。「F52」編成と「F58」編成の先頭車は、色こそ違え、１００系先頭車と同じ顔になった。

１００系タイプの先頭車は翌年以降、「H編成」の組成までに四両加わるが、こちらは中間車の改造車であり、２００番台となった。２０００番台は新造車である。

また、「F編成」２０００番台登場の一ヵ月後に、「E編成」の一部を一二両から一〇両に縮めて「G編成」と呼び、「とき」での運用が始まっている。そしてこの「G編成」は、翌１９８８（昭和六十三）年三月、さらに八両に短縮される。

1982（昭和57）年6月23日、「やまびこ」「ひばり」が、11月15日に「とき」が200系新幹線に昇格した。

新生児のような柔らかさがにおう200系「E1」編成。東北新幹線、郡山〜福島

ゆうづる

第３章

夜行列車

夜行列車に乗って旅立ったあの人、
この人は、いまも明日をきっと
照らしてくれているだろう。

ゆうづる
YŪZURU
ED 75 1018

上・FD75が24系を牽引する「ゆうづる」
東北本線、苫米地〜北高岩
右下・24系25形「ゆうづる」東北本線、
西平内〜浅虫温泉

102-103p・夜を徹して走り続け、朝の
斜光を浴びる583系「ゆうづる」
東北本線、西平内〜浅虫温泉

カメラを目に留めた運転士が笛を吹いてくれたようだ。
583系「はくつる」東北本線、西平内〜浅虫温泉

夜行列車

ゆうづる 上野〜青森

１９８０（昭和五十五）年秋時点で、定期列車二往復と季節列車一往復が５８３系で、また定期列車三往復と季節列車一往復が、電気機関車に客車が牽引される方式で、うち二往復が24系25形、一往復が14系、一往復が24系24形で運転されていた。

夜行列車

はくつる 上野〜青森

上野22時21分発、青森7時11分着。東北本線を劇走して、北海道各地へ向かう旅行者に喜ばれる夜行列車だった。１９８０（昭和五十五）年秋時点で、昼間は「はつかり」になる青森運転所の５８３系一三両編成で、一往復運転されていた。

夜行列車

北星　上野〜盛岡

14系寝台車一二両を電気機関車が牽引して、「ごおまるさん」から1982（昭和五十七）年十一月十四日まで走った。定員は三段式B寝台五一六人、A寝台二八人。

夜行列車

あけぼの　上野〜秋田　ほか

1980（昭和五十五）年秋時点で、上野〜秋田と上野〜青森に各一往復。機関車が24系24形一一両（うち一両は電源荷物車）を牽引して、奥羽本線を疾走。1970（昭和四十五）年七月に誕生し、初めは20系だった。

夜行列車

鳥海　上野〜青森

「あけぼの」二往復のうちの一往復が、1990（平成二）年九月、山形新幹線建設工事にともない、ルートを上越線・羽越本線経由に変更して「鳥海」を名乗った。青森運転所のオハネ24オロネ24カヤ24を連ねる。

夜行列車

出羽　上野〜秋田

1982（昭和五十七）年十一月ダイヤ改正で、急行「鳥海」を格上げして登場した。

上野〜長岡でEF64が、長岡〜秋田でEF81が先頭に立った。

上・24 系「北星」東北本線、上野駅／下・20 系「あけぼの」東北本線、上野駅

鳥海

上・ED75がヘッドマークを付けて24系「あけぼの」を牽く。奥羽本線、白沢〜陣場
下・最後尾に電源荷物車、カニ24。羽越本線を走る24系「出羽」 折渡〜羽後亀田

上・20系「あけぼの」
右下・高崎線で朝を迎えた上野行き「鳥海」
高崎線、神保原〜新町

夜行列車

急行津軽　上野～青森

1980（昭和五十五）年秋時点で、二往復、奥羽本線経由で運転。上野～黒磯ではEF58形電気機関車が牽引した。乗客は「出稼ぎ」の人が多かった。「出世列車」とも呼ばれた。

EF58の58号機が先頭に立って、グリーン車1両、A寝台車1両、B寝台車1両、急行用座席車などを牽引し、上野を目ざす急行「津軽」 東北本線、栗橋～古河
急曲線であるため、万一脱線しても転覆に至らないよう、レールが1本添えてある。

20系も使われた頃の急行「津軽」 奥羽本線、白沢～陣場

秋田／青森を隔てる矢立峠に向かって疾走する「日本海」奥羽本線、大館～白沢

夜行列車

日本海　大阪～青森

日本人の心の襞に深い彩りを刻んだ長距離夜行列車。20系を使って「よんさんとお」でデビュー。1978（昭和五十三）年十月から二往復。津軽海峡線が開業した1988（昭和六十三）年三月には、一往復が函館まで足を延ばすようになった。

夜行列車

つるぎ　大阪～新潟

関西・越後往来の需要に応えた夜行列車。1980（昭和五十五）年秋時点で、24系25形一一両とカニ24、計一二両をEF81が牽引するブルートレインだった。定員は、三六六人。

上・24系25形13両をED75形電気機関車が牽引する「日本海」 奥羽本線、大釈迦〜鶴ケ坂
下・ヘッドマークを付けたＥＦ 81が牽引する「つるぎ」 信越本線、来迎寺〜前川

急行きたぐに　大阪〜青森

長大編成、長距離列車の使命を全うした
急行「きたぐに」羽越本線、小砂川〜上浜

『時刻表』１９５６（昭和三十一）年十二月号に、急行「日本海」が見える。大阪23時00分発↓青森21時50分着／青森6時15分発↓大阪5時40分着　この急行が「よんさんとお」で愛称を特急に譲り「きたぐに」と改称したのである。

●１９８０（昭和五十五）年秋時点で、客車の編成は次のとおり。

５０１列車（大阪発青森行き）一三両編成
（オハ12三両、スハフ12二両、オハフ13一両、オハネフ12四両、オロネ10一両、オユ10一両、マニ37一両）。

５０２列車（青森発大阪行き）右記からマニ37を除いた一二両編成

寝台車五両は、５０１列車５０２列車とも大阪〜新潟の運転。

●機関車は、以下のとおり。

大阪〜米原ＥＦ58 米原〜田村ＤＥ10 田村〜金沢ＥＦ70

金沢〜新潟ＥＦ81 新潟〜秋田ＥＦ81 秋田〜青森ＥＤ75

EF 65 511
あさかぜ
ASAKAZE

あさかぜ　東京〜博多 ほか

ご存知ブルートレインの第一号。評価、親愛の情は、人それぞれ、育った場所、年代で微妙に異なる。ただ、私などは「ひかりライン」が海を渡った「ごおまるさん」で、新幹線の列車に昇格できなかったことが、返す返すも残念無念だ。

1973（昭和四十八）年には「全国新幹線鉄道網」の整備を見据えた961形試作電車も制作されていた。

一人用個室寝台、二人用個室寝台、二段式寝台、六人用個室（二室つないで一二人用にできる）、レストラン、サロンを備え、最高時速260キロ。50ヘルツ・60ヘルツ両区間に対応。コンピュータによる定速度制御、定時運転制御、定位置停止制御を行うほか、運転状況や車両故障の情報を処理し「運転台に設置したカラーディスプレイ」に表示するモニタリング機能を有していた。また、寒冷害、雪害に耐え得る車両構造とした「鉄道界の最先端をいく高級車両」だった。

961形は、1979（昭和五十四）年十二月七日、小山総合試験線で、当時の世界最高記録、時速319キロを樹立している。

「あさかぜ」は東京〜下関で、ＥＦ65形500番台が、1964（昭和39）年秋から牽引し、1978(昭和53)年秋、1000番台に交替した。東海道本線、金谷〜菊川

クラシックな駅舎と 20 系が良くマッチした。終点の大社に到着した急行「だいせん」。

夜行列車

金星　名古屋〜博多

「よんさんとお」で生まれ、１９８２（昭和五十七）年十一月十五日ダイヤ改正まで、向日町運転所の５８３系一二両編成を「明星」「彗星」「なは」と共通運用で使用して、走った。

夜行列車

急行だいせん　大阪〜大社（上りは出雲市始発 大阪行き）

１９８０（昭和五十五）年秋時点で「だいせん5号」が大阪21時32分発、大社7時18分着。大社線では普通１２５列車となるとともに、普通１２６列車として折り返した。

前からＤＤ51 スユニ50 マニ50（スユニとマニは出雲市まで）カヤ21ナハ21三両ナハネ20二両 ナハネフ23ナハネ20二両ナハネフ22。

警笛に蓋はないが、運転室の後ろに機器室がないので583系。ヘッドマークが絵入りの「金星」
山陽本線、小野田〜厚狭

20系は晩年、各地で急行になって余生を送った。

ヘッドマークを付けたＥＦ 65 形 1000 番台が牽引し、早暁の山陽本線を快走する「あかつき」

夜行列車

あかつき　新大阪～長崎／佐世保 ほか

1980（昭和五十五）年秋時点で、以下の二往復が運転されていた。

「1号」は大阪始発、長崎、佐世保行き。肥前山口で分割。「4号」が長崎、佐世保始発、新大阪行き。肥前山口で併結。「3号」は新大阪始発長崎、佐世保行き。門司で分割。佐世保行き（14系15形六両）は筑豊本線を経由して直方と飯塚に停車した。

「2号」が長崎、佐世保始発、大阪行き。佐世保始発の（14系15形六両）は筑豊本線を経由して、門司で、長崎始発の編成（14系15形七両）と併結した。

ブルートレインは、津々浦々と東京、大阪などの大都市を結び、年中無休で働き続けた。日豊本線の重岡～宗太郎に軽快な走行音を奏でる「彗星」。

夜行列車

彗星 新大阪～宮崎 ほか

1980（昭和五十五）年秋時点で、次の二往復が日豊本線を快走していた。

「1号」「4号」は、向日町運転所の583系一二両編成で新大阪～宮崎。

「3号」「2号」は、新大阪～都城に24系25形一三両編成で運転。六両は大分で切り離し（下り）連結（上り）。

夜行列車

明星 新大阪〜西鹿児島 ほか

1980(昭和五十五)年秋時点で、以下の三往復が運転されていた。

「1号」「6号」が24系25形一二両とカニ24で新大阪〜西鹿児島に運転。

7号車〜12号車は熊本で切り離し(下り)連結(上り)。

「3号」「4号」は季節列車。24系25形一〇両とカニ25で新大阪〜西鹿児島に運転。

7号車〜10号車は熊本で切り離し(下り)連結(上り)。

「2号」「5号」は向日町運転所の583系一二両編成で新大阪〜博多に運転。

583系は鉄道愛好家の人気が高く、雑誌なども賛辞を惜しまなかったが、「見る」と「乗る」では大違い。普通車の中段ベッドと上段ベッドなど、天地方向の寸法に無理があり、起き上がって飲料を口にするさえ「曲芸」を要した。昼間は、四人が膝を突き合わせて座るボックス席で、特急の名に恥じた。

とはいえ、電車ながら重厚長大な編成で、かつ長距離を日夜走りぬいて活躍した点でまちがいなく「スター列車の時代」を飾る重要メンバーの一員だった。

上・特急「明星」は1986(昭和61)年10月31日限りで消えた。山陽本線、垂水〜舞子で朝を迎えた583系「明星」
右下・夜が明けて日豊本線の「宗太郎越え」にさしかかった583系「彗星」。

形式	定員 ロ　ハ	冷房	空気バネ	蛍光灯		特記
普通車						
ナハ 10	88			○		
ナハ 11	88			○		
ナハ 21	64	○	○	○		ナロネ 21 改造　昭 52
オハ 12	88	○				
オハ 14	72	○				
スハ 32	88					
スハ 33	88					
オハ 35	88					
オハ 36	88					
スハ 40	88					
オハ 41	120					
スハ 42	88					
スハ 43	88					一部蛍光灯
スハ 44	80		○			回転腰掛
スハ 45	80					一部蛍光灯　北海道用
オハ 46	88					
オハ 47	88					一部蛍光灯
オハ 50	112		○			セミクロス
オハ 61	96					鋼体化
オハ 62	96					鋼体化　北海道用
オハ 64	150					オハ 61 改造車　昭 44
全車食堂車						
オシ 14		○	○	○	○	電子レンジ
オシ 24		○	○	○	○	電子レンジ
オシ 20		○	○	○	○	電子レンジ
普通郵便・荷物車						
オハユニ 61	40					
スハユニ 62	40					北海道用

国鉄 1980（昭和 55）年10月1日ダイヤ改正

特急・急行客車列車　客車定員

形式	定員 ロネ　AB	ハネ	冷房	空気バネ	蛍光灯	特記
A寝台車						
オロネ 10	28		○	○	○	
オロネ 14	28		○	○	○	寝台昇降自動化
オロネ 24	28					
オロネ 25	14		○	○	○	1人用個室寝台　温風暖房
ナロネ 21	28		○	○	○	
ナロネ 22	6　16		○	○	○	1人室6人
オロネフ10	28		○	○	○	
AB寝台車						
オロハネ 10	12	30				冷房は39年度ロネ室のみ取付
B寝台車						
ナハネ 20		54	○	○	○	
オハネ 12		54				北海道向けは 501 502
オハネ 14		48	○	○	○	寝台昇降自動化
オハネ 24		48	○	○	○	寝台昇降自動化
オハネ 15		34	○	○	○	
オハネ 25		34	○	○	○	寝台昇降自動化 （注 100 代車は上段固定式）
B寝台緩急車						
ナハネフ 21		42	○	○	○	
ナハネフ 22		48	○	○	○	
ナハネフ 23		48	○	○	○	
オハネフ 12		54	○	○	○	
オハネフ 13		54	○	○	○	
スハネフ 14		45	○	○	○	寝台昇降自動化
オハネフ 24		45	○	○	○	寝台昇降自動化
オハネフ 15		32	○	○	○	
オハネフ 25		32	○	○	○	寝台昇降自動化

国鉄1980（昭和55）年10月1日ダイヤ改正

牽引機関車　一覧

列車番号	列車名	始発	行先	区間別 牽引機関車
1／1～4001	さくら	東京	長崎／佐世保	東京～下関 EF65 ○ 下関～門司 EF30 ○ 門司～長崎 ED73 ○ 肥前山口～佐世保 ED76
5／5～4005	みずほ	東京	熊本／長崎	東京～下関 EF65 ○ 下関～門司 EF30 ○ 門司～熊本 ED73 ○鳥栖～長崎 DD76
3	はやぶさ	東京	西鹿児島	東京～下関 EF65 ○下関～門司 EF30 ○ 門司～西鹿児島 ED76
7	富士	東京	宮崎	東京～下関 EF65 ○下関～門司 EF30 ○門司～宮崎 ED76
9	あさかぜ1	東京	博多	東京～下関 EF65 ○ ～門司 EF30 門司～博多 ED72
13	あさかぜ3	東京	下関	東京～下関 EF65
15	瀬戸	東京	宇野	東京～宇野 EF65
2001	出雲1	東京	浜田	東京～京都 EF65 ○京都～出雲市 DD51
2003～400 /2003	紀伊／出雲3	東京	紀伊勝浦／浜田	東京～名古屋 EF65 ○～亀山 DD51 ○ 亀山～ 紀伊勝浦 DD51 ○東京～京都 EF65 ○～出雲市 DD51
25	明星1号	新大阪	西鹿児島	新大阪～下関 EF65 ○～門司 EF30 ○～西鹿児島 ED76
3003	彗星3号	新大阪	都城	新大阪～下関 EF65 ○～門司 EF30 ○～大分 ED76 ○～都城　ED76
41/ 41～4041	あかつき1号	大阪	長崎／佐世保	大阪～下関 EF65 ○～門司 EF30 ○～肥前山口 ED76 ○～長崎 ED72 門司～佐世保 ED76
43/ 45～4047	あかつき3号	新大阪	佐世保／長崎	新大阪～下関 EF65 ○～門司 EF30 ○～佐世保 DD51 ○ 門司～鳥栖 ED76 ○～長崎 ED75
4001	日本海1	大阪	青森	大阪～秋田 EF81 ○ 秋田～青森 ED75
4003	日本海3	大阪	青森	大阪～敦賀 EF81 ○敦賀～秋田 EF81 ○秋田～青森 ED75
4005	つるぎ	大阪	新潟	大阪～新潟 EF81
5007	ゆうづる7	上野	青森	上野～水戸 EF80 ○ 水戸～青森 ED75
5017	ゆうづる11	上野	青森	上野～水戸 EF80 ○水戸～青森 ED75
17	ゆうづる13	上野	青森	上野～水戸 EF80 ○ 水戸～青森 ED75
31	北星	上野	盛岡	上野～黒磯 EF65 ○黒磯～盛岡 ED75
1001	あけぼの1	上野	青森	上野～黒磯 EF65 ○～福島 ED75 ○福島～山形 ED78 × 2 ○山形～秋田 ED75 ○ 秋田～青森 ED755
1003	あけぼの3	上野	秋田	上野～黒磯 EF65 ○黒磯～福島 ED75 ○福島～山形 ED78×2 ○山形～秋田 ED75
101	ニセコ	函館	札幌	函館～長万部 DD51 長万部～小樽 DD51×2 ○～札幌 ED76
401	津軽	上野	青森	上野～黒磯 EF58 ○～福島 ED75 ○～山形 EF71 ○ ～青森 ED75
501	きたぐに	大阪	青森	大阪～米原 EF58 ○～田村 DE10 ○～金沢 EF70 ○～新潟 EF81 ○秋田 EF81 ○～青森 ED75

食堂車を営業する夜行特急

列車番号	列車名	営業区間	営業者
1　2	さくら	東京～長崎	日本食堂
5　6	みずほ	東京～熊本	日本食堂
3　4	はやぶさ	東京～熊本	日本食堂
7　8	富士	東京～大分	日本食堂
9 10	あさかぜ１号 あさかぜ４号	東京～博多	日本食堂
2001 2004	出雲１号 出雲４号	東京～出雲	日本食堂

【参考文献】

説明文と巻末資料は以下の刊行物を参考にして書いた。

「昭和 55 年 10 月時刻改正要項 特急・急行客車列車編成順序表」旅客局・運転局
「昭和 55 年 10 月時刻改正要項 特急・急行気動車客車列車編成順序表」旅客局・運転局
「昭和 55 年 10 月時刻改正要項 特急・急行電車列車編成順序表」旅客局・運転局
『新幹線ハンドブック』新幹線総局 1977(昭和 52) 年３月
月刊『時刻表』1982(昭和 57) 年 10 月号ほか 日本交通公社
月刊『時刻表』1988(昭和 63) 年３月号ほか 弘済出版社
『国鉄電車編成表 80 年版』ほか ジェー・アール・アール
『国鉄気動車客車編成表 83 年版』ほか ジェー・アール・アール
『国鉄電車ガイドブック』1976（昭和 51）年７月ほか 浅原信彦 著 誠文堂新光社
『特急大カタログ』＊ 1979(昭和 54) 年８月 日本交通交社出版事業局
コロタン文庫『ブルートレイン全百科』1979(昭和 54) 年 11 月 小学館
こども文庫 特急シリーズ＊『国鉄特急』1980(昭和 55) 年 10 月ほか全５巻 小学館
新潮文庫『特急列車』＊ 1985(昭和 60) 年 12 月 新潮社
日本鉄道名所 勾配曲線の旅『東海道線』1986(昭和 61) 年８月ほか全８巻△ 小学館
別冊歴史読本鉄道シリーズ『消えた鉄道の記録』＊ 2001 年 11 月ほか 新人物往来社
『昭和の鉄道＜ 50 年代＞』2011(平成 23) 年３月ほか全４巻＊ JTB パブリッシング
『新幹線５０年 from Ａ to Ｚ』☆ 2014(平成 26) 年９月 東京堂出版
『週刊 ＳＬ鉄道模型』全 70 巻 2012(平成 24) 年２月～△ 講談社
『走れ！北斗星 銀河』☆ 2019（令和 元）年７月 彩流社
☆は松尾定行著　△は松尾定行文　＊は松尾定行企画 構成 文

Profile

猪井 貴志◉いのい・たかし

1947年4月神奈川県生まれ。東京写真専門学校卒業後、真島満秀とともに世界の鉄道を追いかける。JRポスター制作にも多く携わり、とりわけダイヤ改正前には多忙を極める。鉄道のみならず、人物や町の情景も手掛け旅行誌などでも活躍中。マシマ・レイルウェイ・ピクチャーズ会長。日本鉄道写真作家協会（JRPS）会長

松尾 定行◉まつお・さだゆき（構成・文）

1979（昭和54）年から、鉄道、旅をテーマとする出版物の編集・執筆をフリーの立場で続けてきた。近年の著書『歌で楽しむ鉄道 昔と今』『走れ！北斗星 銀河　新幹線に復帰させたい名列車たち』（どちらも彩流社）

構成・文	松尾定行
編集	揚野市子（「旅と鉄道」編集部）
デザイン	ロコ・モーリス組
校正	吉谷友尋
編集協力	本村忠之　河合桃子　米屋こうじ
写真協力	マシマ・レイルウェイ・ピクチャーズ

スター列車の時代

2024年3月21日　初版第1刷発行

著　者	猪井貴志
発行人	山手章弘
発　行	株式会社天夢人
	〒101-0051　東京都千代田区神田神保町1-105
	https://www.temjin-g.co.jp/
発　売	株式会社山と溪谷社
	〒101-0051　東京都千代田区神田神保町1-105
印刷・製本	大日本印刷株式会社

◎内容に関するお問合せ先
「旅と鉄道」編集部　info@temjin-g.co.jp
◎乱丁・落丁に関するお問合せ先
山と溪谷社カスタマーセンター　service@yamakei.co.jp
◎書店・取次様からのご注文先
山と溪谷社受注センター　電話 048-458-3455　FAX 048-421-0513
◎書店・取次様からのご注文以外のお問合せ先
eigyo@yamakei.co.jp

Printed in Japan
ISBN978-4-635-82432-3